school - de school 2
reis - de reis 5
transport - het transport 8
stad - de stad 10
landschap - het landschap 14
restaurant - het restaurant 17
supermarkt - de supermarkt 20
drankjes - de dranken 22
eten - het eten 23
boerderij - de boerderij 27
huis - het huis 31
woonkamer - de woonkamer 33
keuken - de keuken 35
badkamer - de badkamer 38
kinderkamer - de kinderkamer 42
kleding - de kleding 44
kantoor - het kantoor 49
economie - de economie 51
beroepen - de beroepen 53
werktuigen - het gereedschap 56
muziekinstrumenten - de muziekinstrumenten 57
zoo - de dierentuin 59
sporten - de sport 62
activiteiten - de activiteiten 63
familie - de familie 67
lichaam - het lichaam 68
ziekenhuis - het ziekenhuis 72
noodgeval - het noodgeval 76
aarde - de aarde 77
klok - de klok 79
week - de week 80
jaar - het jaar 81
vormen - de vormen 83
kleuren - de kleuren 84
tegengestelden - de tegenstellingen 85
cijfers - de getallen 88
Talen - de talen 90
wie / wat / hoe - wie / wat / hoe 91
waar - waar 92

AF235159

Impressum
Verlag: BABADADA GmbH, Nedderfeld 112 , 22529 Hamburg
Geschäftsführer / Verlagsleitung: Harald Hof
Druck: Books on Demand GmbH, In de Tarpen 42, 22848 Norderstedt

Imprint
Publisher: BABADADA GmbH, Nedderfeld 112 , 22529 Hamburg, Germany
Managing Director / Publishing direction: Harald Hof
Print: Books on Demand GmbH, In de Tarpen 42, 22848 Norderstedt

school

de school

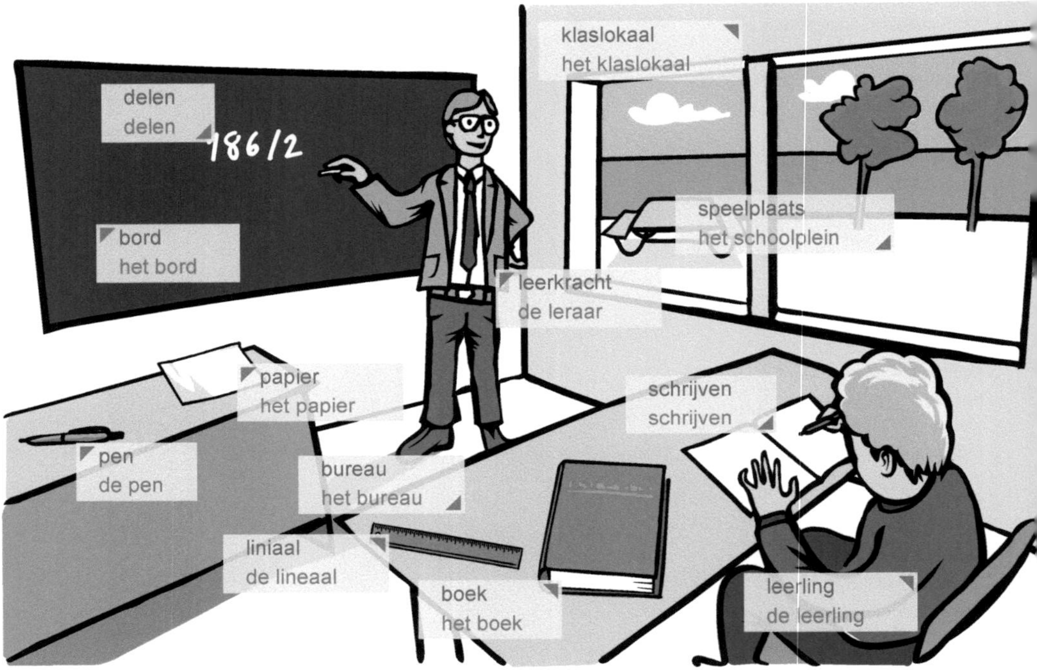
klaslokaal
het klaslokaal
delen
delen
186/2
speelplaats
het schoolplein
bord
het bord
leerkracht
de leraar
papier
het papier
schrijven
schrijven
pen
de pen
bureau
het bureau
liniaal
de lineaal
boek
het boek
leerling
de leerling

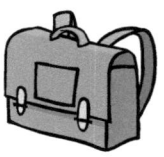

schooltas

de schooltas

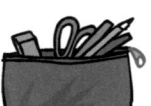

pennenzak

de etui

potlood

het potlood

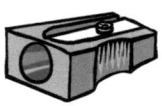

puntenslijper

de puntenslijper

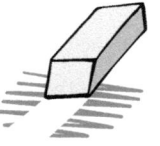

gom

de gum

tekenblok

het schetsblok

tekening
de tekening

verfborstel
het penseel

verfdoos
de verfdoos

schaar
de schaar

lijm
de lijm

werkboek
het schrift

huiswerk
het huiswerk

nummer
het getal

optellen
optellen

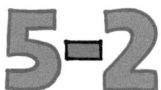

aftrekken
aftrekken

vermenigvuldigen
vermenigvuldigen

rekenen
rekenen

letter
de letter

alfabet
het alfabet

woord
het woord

tekst

de tekst

Lezen

lezen

krijt

het krijt

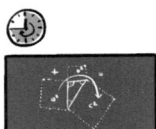

les

de les

klassenboek

het klassenboek

examen

het examen

certificaat

het diploma

schooluniform

het schooluniform

onderwijs

de opleiding

encyclopedie

de encyclopedie

universiteit

de universiteit

microscoop

de microscoop

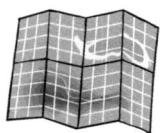

kaart

de kaart

papiermand

de prullenmand

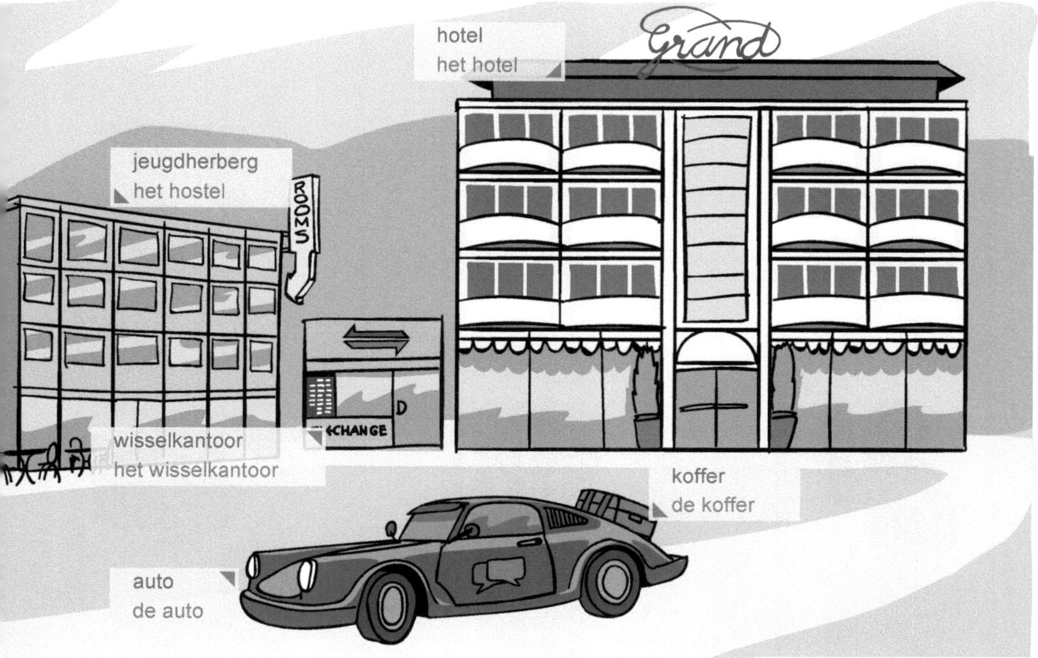
hotel
het hotel
Grand
jeugdherberg
het hostel
ROOMS
wisselkantoor
het wisselkantoor
EXCHANGE
koffer
de koffer
auto
de auto

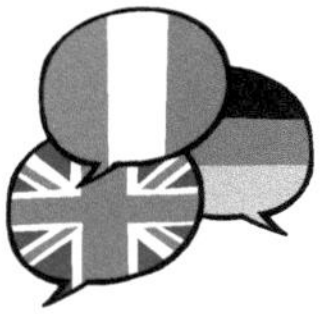

Taal

de taal

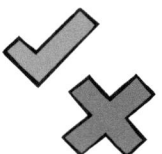

ja / nee

ja / nee

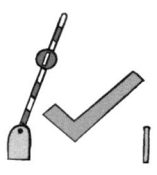

oké

oké

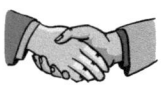

hallo

Hallo!

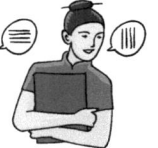

vertaler

de tolk

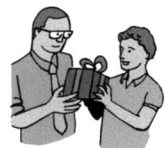

bedankt

Bedankt.

Hoeveel kost …?

Wat kost …?

Ik begrijp het niet

Ik begrijp het niet.

probleem

het probleem

Goedenavond!

Goedenavond!

Goedemorgen!

Goedemorgen!

Goedenavond!

Goedenacht!

Tot ziens

Tot ziens!

richting

de richting

bagage

de bagage

zak

de tas

rugzak

de rugzak

gast

de gast

kamer

de kamer

slaapzak

de slaapzak

tent

de tent

reis - de reis

toeristeninformatie

het VVV-kantoor

strand

het strand

kredietkaart

de creditkaart

ontbijt

het ontbijt

lunch

de lunch

avondeten

het diner

ticket

het kaartje

lift

de lift

postzegel

de postzegel

grens

de grens

douane

de douane

ambassade

de ambassade

visum

het visum

paspoort

het paspoort

transport
het transport

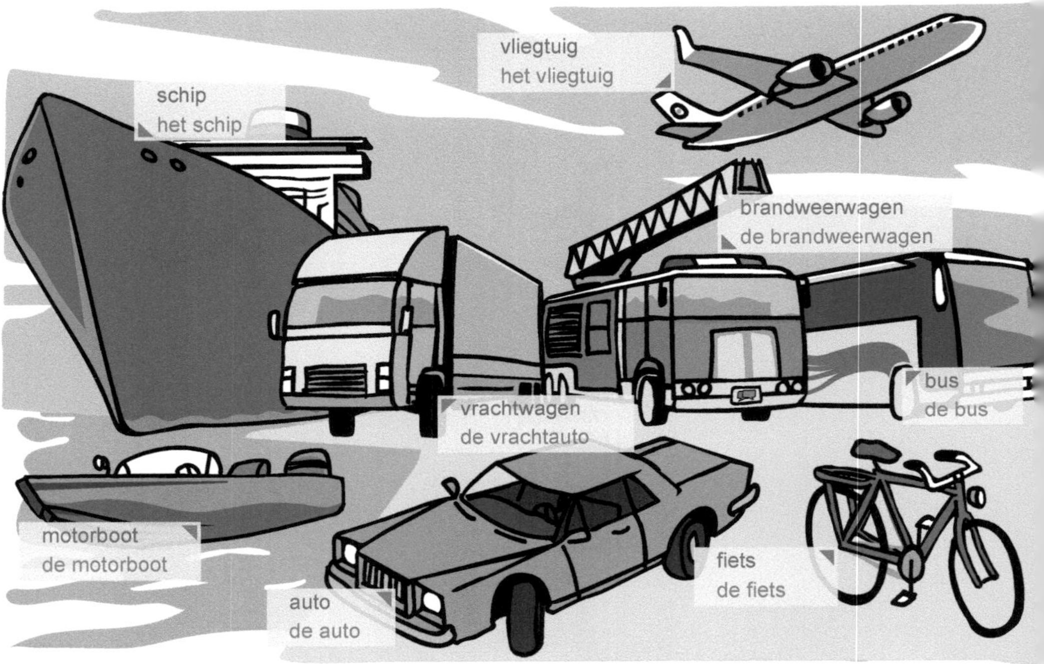

vliegtuig
het vliegtuig
schip
het schip
brandweerwagen
de brandweerwagen
bus
de bus
vrachtwagen
de vrachtauto
motorboot
de motorboot
fiets
de fiets
auto
de auto

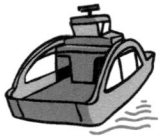

veerboot

de veerboot

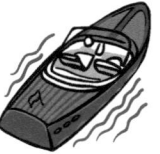

boot

de boot

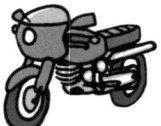

motor

de motorfiets

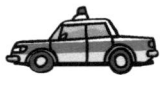

politiewagen

de politiewagen

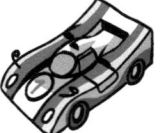

racewagen

de raceauto

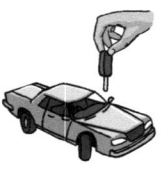

huurauto

de huurauto

carpoolen

de carsharing

sleepwagen

de takelwagen

vuilniswagen

de vuilniswagen

motor

de motor

benzine

de benzine

benzinestation

de benzinepomp

verkeersbord

het verkeersbord

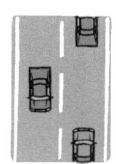

verkeer

het verkeer

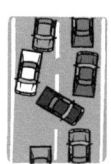

file

de file

parkeerplaats

de parkeerplaats

station

het station

sporen

de rails

trein

de trein

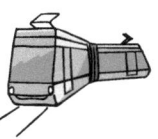

tram

de tram

wagon

de wagon

helikopter

de helikopter

luchthaven

de luchthaven

toren

de toren

passagier

de passagier

container

de container

karton

de verhuisdoos

kar

de kar

mand

de mand

opstijgen / landen

opstijgen / landen

stad

de stad

dorp

het dorp

stadscentrum

het stadscentrum

huis

het huis

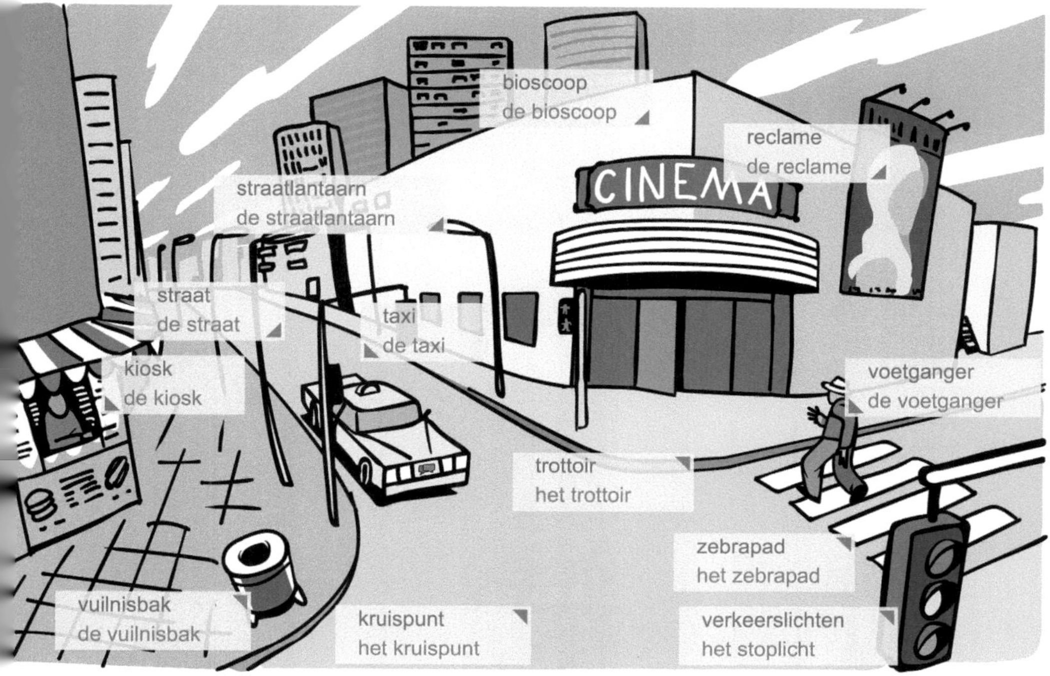

bioscoop
de bioscoop
reclame
de reclame
CINEMA
straatlantaarn
de straatlantaarn
straat
de straat
taxi
de taxi
kiosk
de kiosk
voetganger
de voetganger
trottoir
het trottoir
zebrapad
het zebrapad
vuilnisbak
de vuilnisbak
kruispunt
het kruispunt
verkeerslichten
het stoplicht

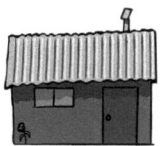

hut
de hut

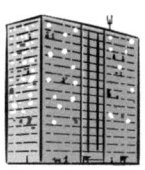

woning
het appartement

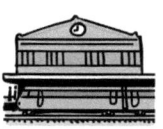

station
het station

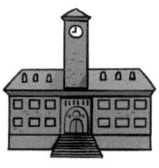

stadshuis
het stadhuis

MUSEUM

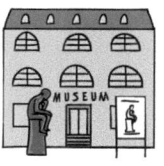

museum
het museum

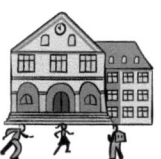

school
de school

universiteit

de universiteit

bank

de bank

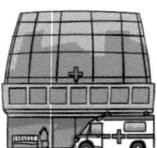

ziekenhuis

het ziekenhuis

hotel

het hotel

apotheek

de apotheek

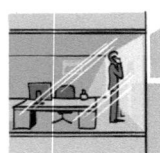

kantoor

het kantoor

boekwinkel

de boekenwinkel

winkel

de winkel

bloemenwinkel

de bloemenwinkel

supermarkt

de supermarkt

markt

de markt

warenhuis

het warenhuis

vishandelaar

de visboer

winkelcentrum

het winkelcentrum

haven

de haven

park

het park

bank

de bank

brug

de brug

trap

de trap

metro

de metro

tunnel

de tunnel

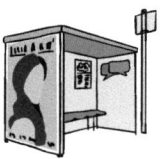

bushalte

de bushalte

bar

de bar

restaurant

het restaurant

brievenbus

de brievenbus

straatnaambord

het straatnaambord

parkeermeter

de parkeermeter

zoo

de dierentuin

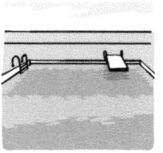

zwembad

het zwembad

moskee

de moskee

boerderij

de boerderij

milieuverontreiniging

de vervuiling

kerkhof

de begraafplaats

kerk

de kerk

speelplaats

de speelplaats

tempel

de tempel

landschap
het landschap

blad
het blad

wegwijzer
de wegwijzer

weg
de weg

weide
de weide

steen
de steen

boom
de boom

wandelaar
de wandelaar

rivier
de rivier

gras
het gras

bloem
de bloem

vallei

de vallei

heuvel

de berg

meer

het meer

bos

het bos

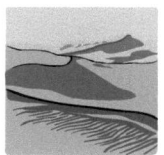

woestijn

de woestijn

vulkaan

de vulkaan

kasteel

het kasteel

regenboog

de regenboog

paddenstoel

de paddenstoel

palmboom

de palmboom

mug

de mug

vlieg

de vlieg

mier

de mier

bijl

de bij

spin

de spin

kever

de kever

kikker

de kikker

eekhoorn

de eekhoorn

egel

de egel

haas

de haas

uil

de uil

vogel

de vogel

zwaan

de zwaan

wild zwijn

het wild zwijn

hert

het hert

eland

de eland

dam

de stuwdam

windturbine

de windmolen

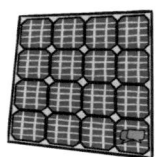

zonnepaneel

het zonnepaneel

klimaat

het klimaat

landschap - het landschap

restaurant
het restaurant

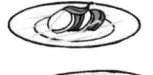

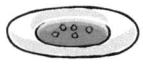

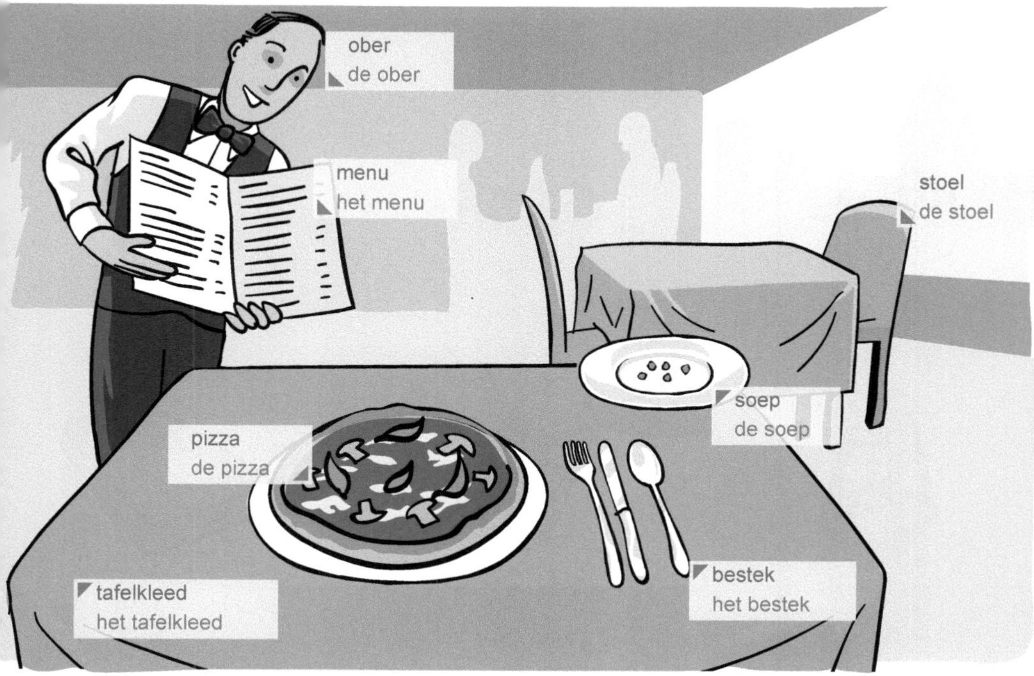
ober
de ober
menu
het menu
stoel
de stoel
soep
de soep
pizza
de pizza
bestek
het bestek
tafelkleed
het tafelkleed

voorgerecht
het voorgerecht

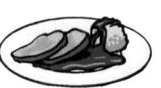

hoofdgerecht
het hoofdgerecht

nagerecht
het toetje

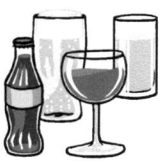

drankjes
de dranken

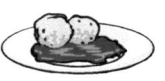

eten
het eten

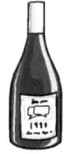

fles
de fles

fastfood

de/het fastfood

street food

het eetkraampje

theepot

de theepot

suikerpot

de suikerpot

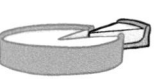

portie

de portie

espressomachine

de espressomachine

kinderstoel

de kinderstoel

rekening

de rekening

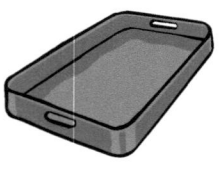

dienblad

het dienblad

mes

het mes

vork

de vork

lepel

de lepel

theelepel

de theelepel

serviette

het servet

glas

het glas

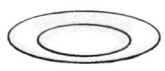

bord

het bord

soepbord

het soepbord

schoteltje

de schotel

saus

de saus

zoutvatje

het zoutvaatje

pepermolen

de pepermolen

azijn

de azijn

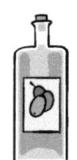

olie

de olie

kruiden

de kruiden

ketchup

de ketchup

mosterd

de mosterd

mayonaise

de mayonaise

supermarkt
de supermarkt

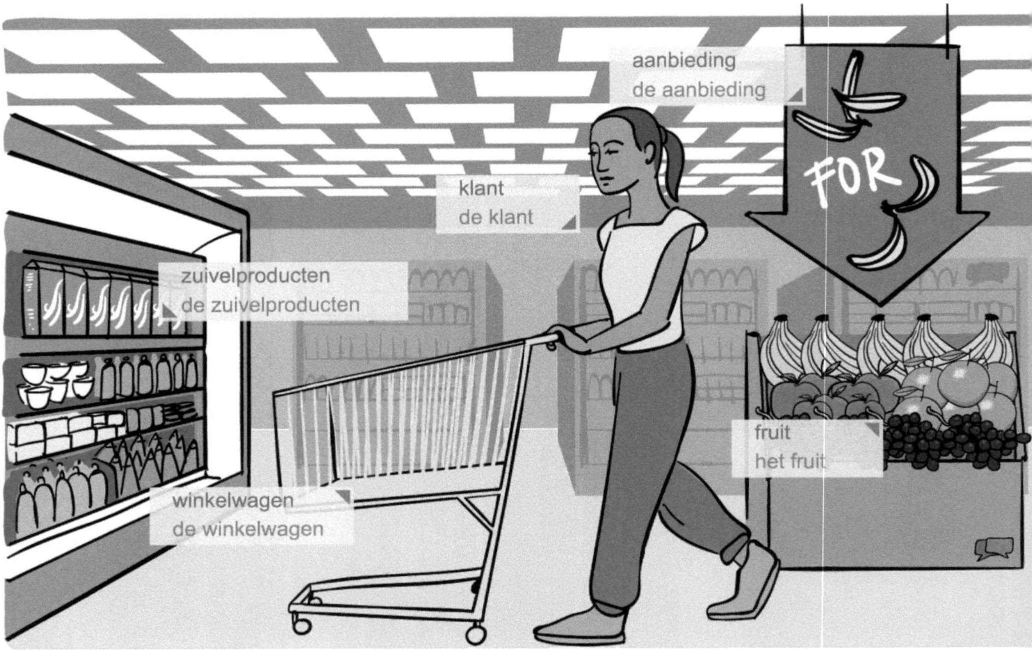

aanbieding
de aanbieding
FOR
klant
de klant
zuivelproducten
de zuivelproducten
fruit
het fruit
winkelwagen
de winkelwagen

BUTCHERS

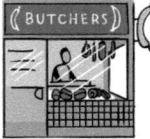

slagerij

de slager

BAKERY

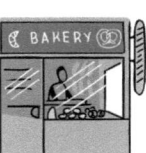

bakkerij

de bakkerij

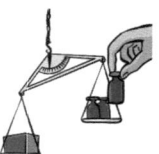

wegen

wegen

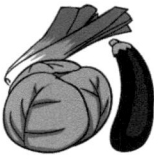

groenten

de groente

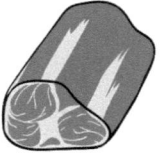

vlees

het vlees

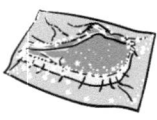

diepvriesvoedsel

de diepvriesproducten

charcuterie

de vleeswaren

conserven

de conserven

waspoeder

het wasmiddel

snoep

het snoepgoed

huishoudproducten

de huishoudelijke artikelen

schoonmaakproducten

het schoonmaakmiddel

verkoopster

de verkoopster

kassa

de kassa

kassier

de kassier

boodschappenlijstje

het boodschappenlijstje

openingstijden

de openingstijden

portefeuille

de portefeuille

kredietkaart

de creditkaart

tas

de tas

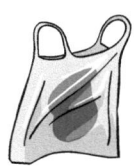

plastieken zakje

de plastic zak

water

het water

sap

het sap

melk

de melk

cola

de cola

wijn

de wijn

bier

het bier

alcohol

de alcohol

cacao

de chocolademelk

thee

de thee

koffie

de koffie

espresso

de espresso

cappuccino

de cappuccino

banaan

de banaan

appel

de appel

sinaasappel

de sinaasappel

meloen

de watermeloen

citroen

de citroen

wortel

de wortel

knoflook

de knoflook

bamboe

de bamboe

ajuin

de ui

champignon

de paddenstoel

noten

de noten

noodles

de pasta

spaghetti

de spaghetti

rijst

de rijst

salade

de salade

frieten

de friet

gebakken aardappelen

de gebakken aardappelen

pizza

de pizza

hamburger

de hamburger

sandwich

de sandwich

kalfslapje

de schnitzel

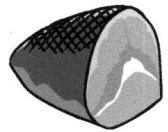

ham

de ham

salami

de salami

worst

de worst

kip

de kip

braden

het gebraad

vis

de vis

eten - het eten

havervlokken

de havermout

muesli

de muesli

cornflakes

de cornflakes

bloem

het meel

croissant

de croissant

pistolet

de broodjes

brood

het brood

toast

de toast

koekjes

de koekjes

boter

de boter

kwark

de kwark

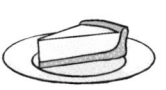

taart

de taart

ei

het ei

spiegelei

het gebakken ei

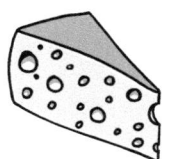

kaas

de kaas

ijs

het ijs

suiker

de suiker

honing

de honing

confituur

de jam

choco

de chocoladepasta

curry

de kerrie

eten - het eten

boerderij

de boerderij

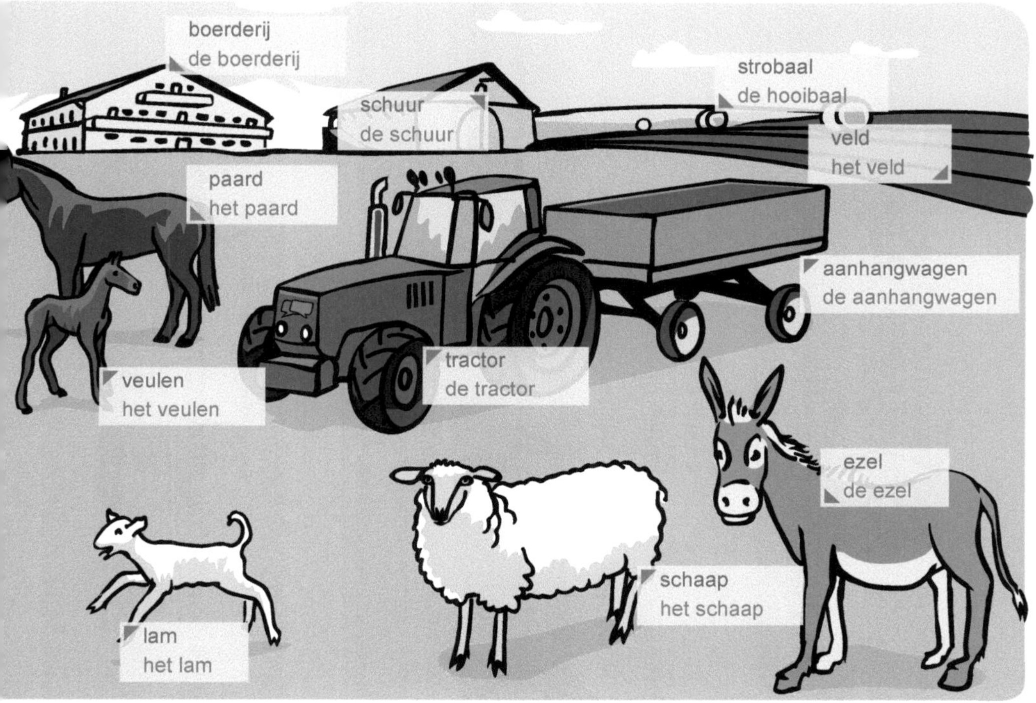
boerderij
de boerderij
schuur
de schuur
strobaal
de hooibaal
veld
het veld
paard
het paard
aanhangwagen
de aanhangwagen
tractor
de tractor
veulen
het veulen
ezel
de ezel
schaap
het schaap
lam
het lam

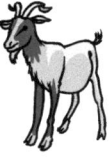

geit
....
de geit

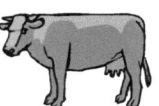

koe
....
de koe

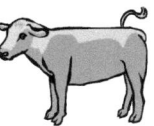

kalf
....
het kalf

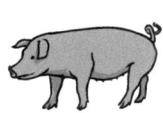

varken
....
het varken

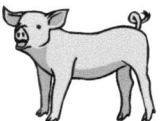

biggetje
....
de big

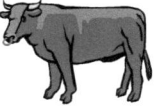

stier
....
de stier

gans

de gans

eend

de eend

kuiken

het kuiken

kip

de kip

haan

de haan

rat

de rat

kat

de kat

muis

de muis

os

de os

hond

de hond

hondenhok

het hondenhok

tuinslang

de tuinslang

gieter

de gieter

zeis

de zeis

ploeg

de ploeg

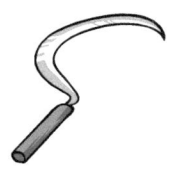

sikkel

de sikkel

schoffel

de schoffel

hooivork

de hooivork

bijl

de bijl

kruiwagen

de kruiwagen

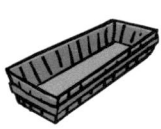

trog

de trog

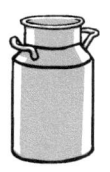

melkkan

de melkbus

zak

de zak

hek

het hek

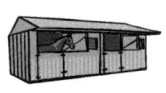

stal

de stal

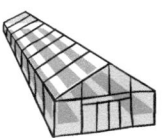

broeikas

de broeikas

bodem

de grond

zaad

het zaad

mest

de mest

maaidorser

de maaidorser

oogsten
....
oogsten

oogst
....
de oogst

yam
....
de yam

tarwe
....
de tarwe

soja
....
de soja

aardappel
....
de aardappel

maïs
....
de maïs

koolzaad
....
het koolzaad

fruitboom
....
de fruitboom

maniok
....
de maniok

graan
....
de granen

huis

het huis

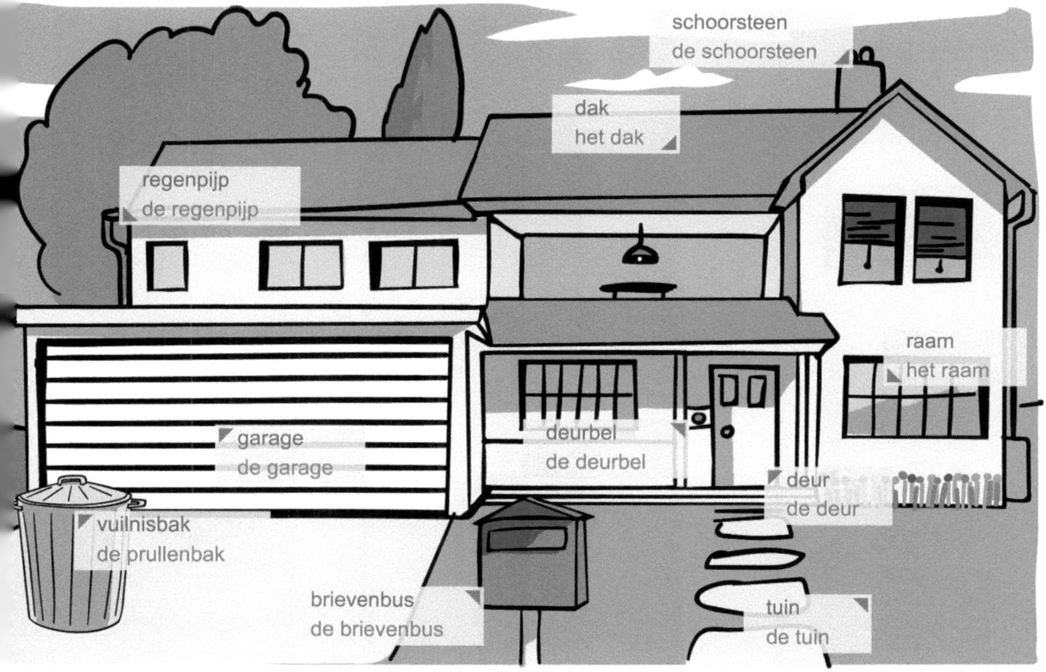
schoorsteen
de schoorsteen
dak
het dak
regenpijp
de regenpijp
raam
het raam
garage
de garage
deurbel
de deurbel
deur
de deur
vuilnisbak
de prullenbak
brievenbus
de brievenbus
tuin
de tuin

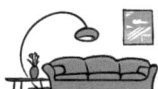

woonkamer

de woonkamer

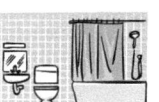

badkamer

de badkamer

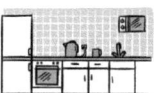

keuken

de keuken

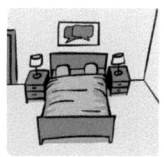

slaapkamer

de slaapkamer

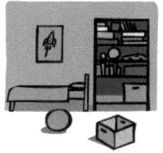

kinderkamer

de kinderkamer

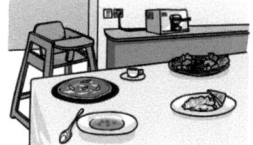

eetkamer

de eetkamer

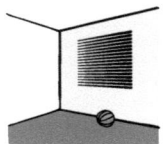

vloer
de vloer

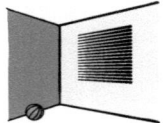

muur
de muur

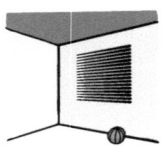

plafond
het plafond

kelder
de kelder

sauna
de sauna

balkon
het balkon

terras
het terras

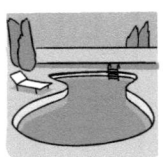

zwembad
het zwembad

grasmaaier
de grasmaaier

dekbedovertrek
het laken

dekbed
de bedsprei

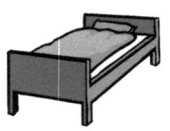

bed
het bed

bezem
de bezem

emmer
de emmer

schakelaar
de schakelaar

woonkamer

de woonkamer

behangpapier
het behang
foto
de foto
lamp
de lamp
schap
de plank
kast
de kast
televisie
de televisie
open haard
de open haard
bloem
de bloem
kussen
het kussen
sofa
het bankstel
vaas
de vaas
afstandsbediening
de afstandsbediening

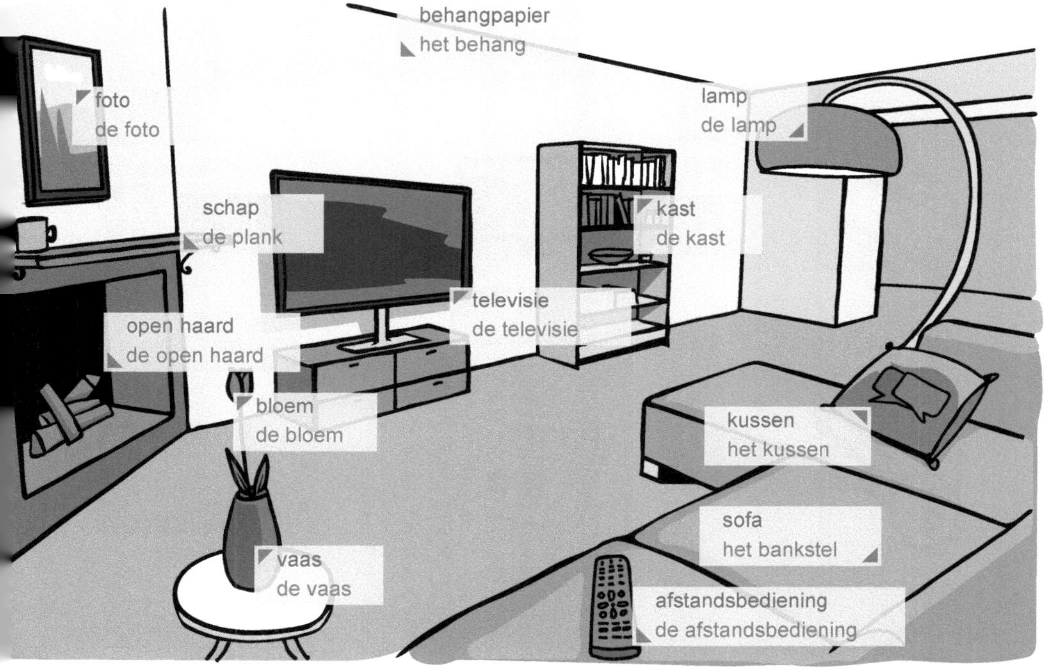

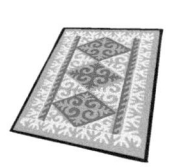

mat

het tapijt

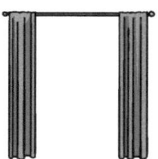

gordijn

het gordijn

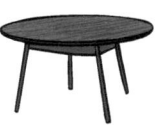

tafel

de tafel

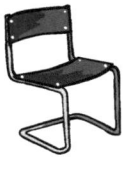

stoel

de stoel

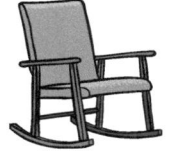

schommelstoel

de schommelstoel

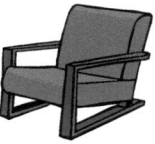

fauteuil

de stoel

boek

het boek

deken

de deken

decoratie

de decoratie

brandhout

het brandhout

film

de film

stereo-installatie

de stereo-installatie

sleutel

de sleutel

krant

de krant

schilderij

het schilderij

poster

de poster

radio

de radio

notitieboekje

het kladblok

stofzuiger

de stofzuiger

cactus

de cactus

kaars

de kaars

keuken
de keuken

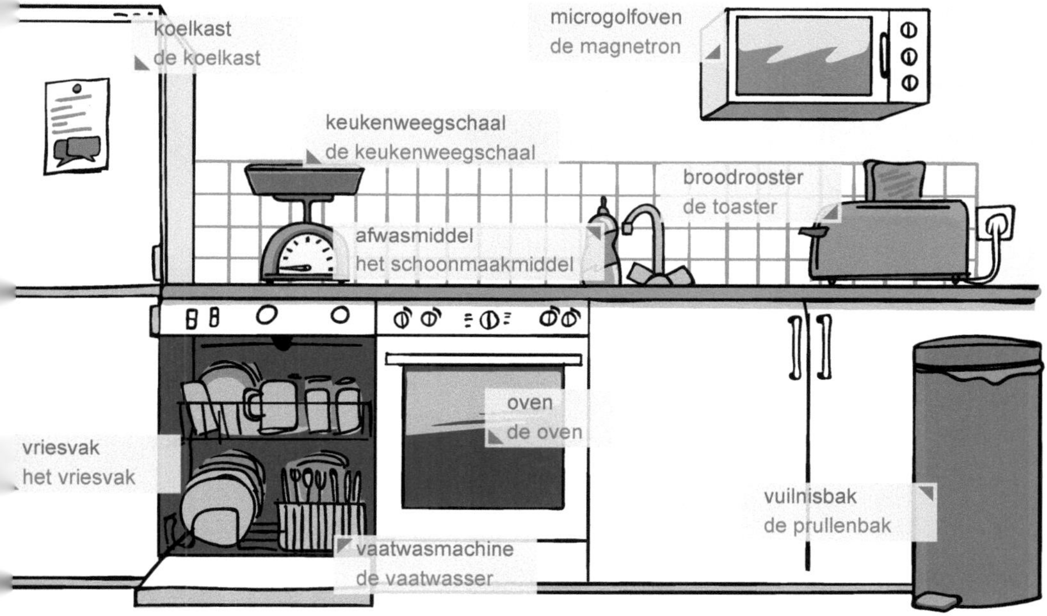
koelkast
de koelkast
microgolfoven
de magnetron
keukenweegschaal
de keukenweegschaal
broodrooster
de toaster
afwasmiddel
het schoonmaakmiddel
oven
de oven
vriesvak
het vriesvak
vuilnisbak
de prullenbak
vaatwasmachine
de vaatwasser

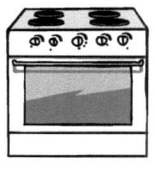

fornuis

het fornuis

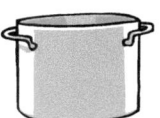

pot

de pan

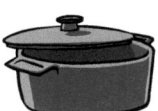

gietijzeren pot

de gietijzeren pan

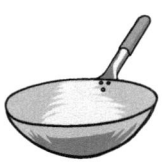

wok / kadai

de wok / kadai

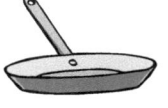

pan

de koekenpan

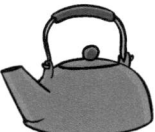

waterkoker

de ketel

stoomkoker

de stoomkoker

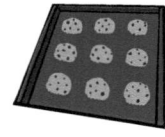

bakplaat

de bakplaat

servies

het servies

mok

de beker

kom

de kom

eetstokjes

de eetstokjes

pollepel

de soeplepel

spatel

de spatel

garde

de garde

vergiet

het vergiet

zeef

de zeef

rasp

de rasp

mortier

de vijzel

barbecue

de barbecue

haardvuur

de vuurhaard

snijplank

de snijplank

deegrol

de deegroller

kurkentrekker

de kurkentrekker

blik

het blik

blikopener

de blikopener

pannenlap

de pannenlap

gootsteen

de wasbak

borstel

de borstel

spons

de spons

blender

de blender

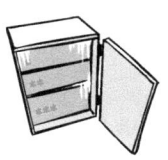

vriezer

de vriezer

papfles

het babyflesje

kraan

de kraan

de badkamer

douche
de douche

verwarming
de verwarming

handdoek
de handdoek

douchegordijn
het douchegordijn

bubbelbad
het bubbelbad

badkuip
het bad

glas
het glas

wasmachine
de wasmachine

tegels
de tegels

kraan
de kraan

kinderpo
het potje

gootsteen
de wasbak

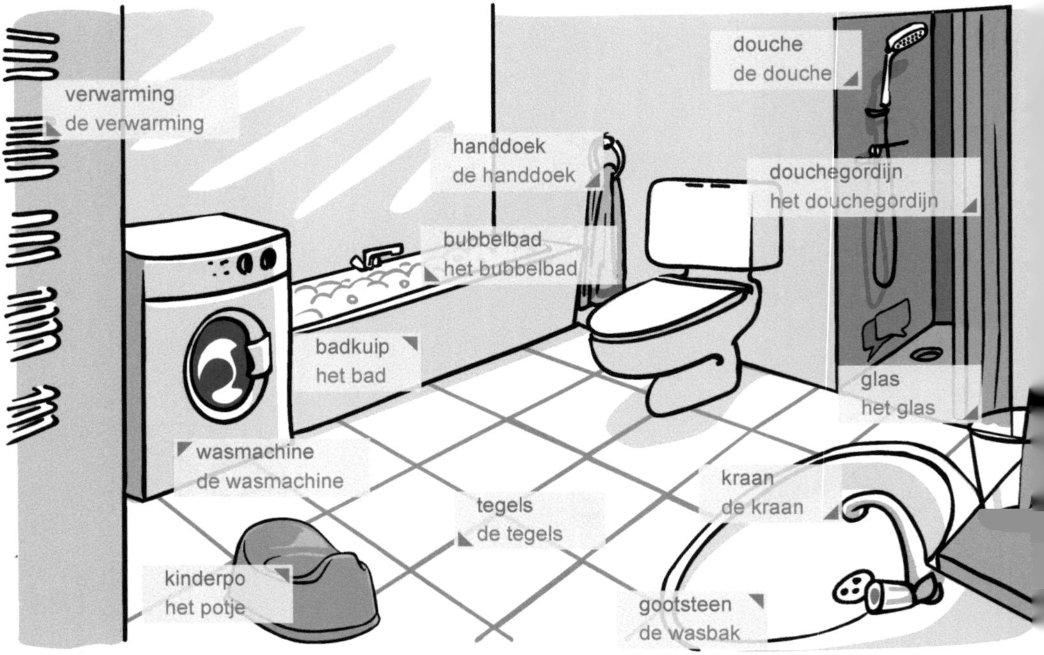

toilet
....
het toilet

hurktoilet
....
het hurktoilet

bidet
....
de/het bidet

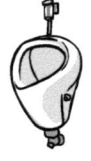

urinoir
....
het urinoir

toiletpapier
....
het toiletpapier

toiletborstel
....
de toiletborstel

tandenborstel

de tandenborstel

tandpasta

de tandpasta

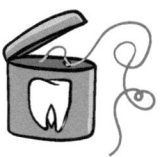

flosdraad

het flosdraad

wassen

wassen

handdouche

de handdouche

bidethanddouche

de toiletdouche

waskom

de waskom

rugborstel

de rugborstel

zeep

de zeep

douchegel

de douchegel

shampoo

de shampoo

washandje

het washandje

afvoer

de afvoer

crème

de creme

deodorant

de deodorant

spiegel

de spiegel

handspiegel

de make-upspiegel

scheermes

het scheermes

scheerschuim

het scheerschuim

aftershave

de aftershave

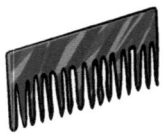

kam

de kam

borstel

de borstel

haardroger

de haardroger

haarlak

de haarspray

make-up

de make-up

lippenstift

de lippenstift

nagellak

de nagellak

watten

de watten

nagelknipper

het nagelschaartje

parfum

de/het parfum

badkamer - de badkamer

toilettas

de toilettas

kruk

de kruk

weegschaal

de weegschaal

badjas

de badjas

latex handschoenen

de rubber handschoenen

tampon

de tampon

maandverband

het maandverband

chemisch toilet

het chemisch toilet

kinderkamer
de kinderkamer

wekker
de wekker
knuffel
het knuffeldier
speelgoedauto
de speelgoedauto
rammelaar
de rammelaar
poppenhuis
het poppenhuis
geschenk
het cadeau

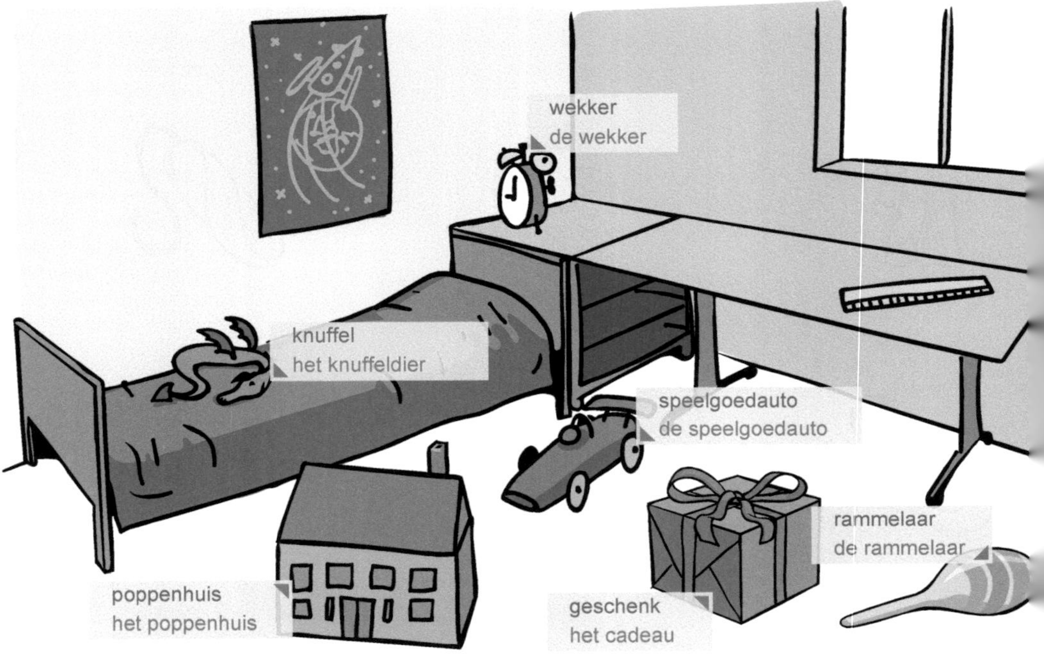

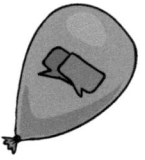

ballon
de ballon

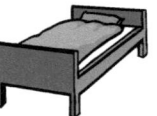

bed
het bed

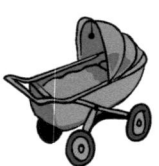

kinderwagen
de kinderwagen

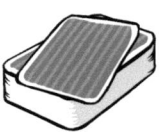

spel kaarten
het kaartspel

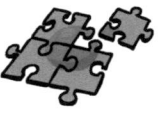

puzzel
de puzzel

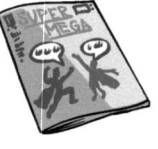

stripboek
het stripverhaal

legoblokjes

de legostenen

blokken

de speelgoedblokken

actiefiguur

het actiefiguurtje

kruippakje

de romper

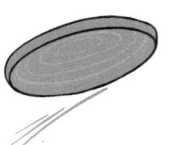

frisbee

de frisbee

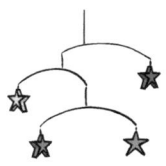

mobiel

de/het mobile

bordspel

het bordspel

dobbelsteen

de dobbelsteen

modelspoorweg

de modeltrein

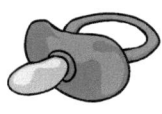

fopspeen

de speen

feest

het feestje

prentenboek

het prentenboek

bal

de bal

pop

de pop

spelen

spelen

zandbak

de zandbak

schommel

de schommel

speelgoed

het speelgoed

spelconsole

de spelcomputer

driewieler

de driewieler

knuffelbeer

de teddybeer

kleerkast

de kleerkast

kleding
de kleding

sokken

de sokken

kousen

de kousen

maillot

de panty

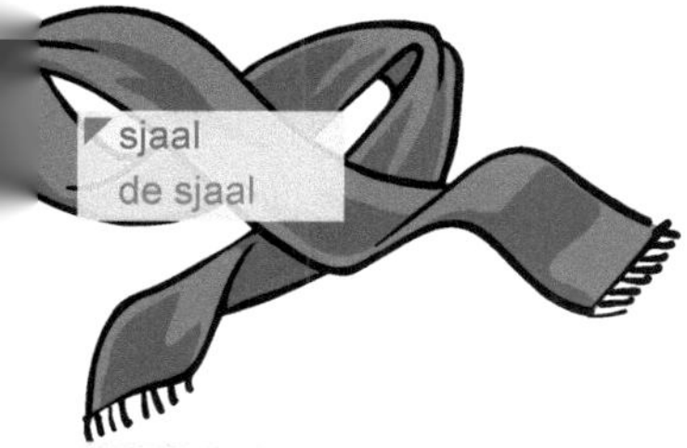

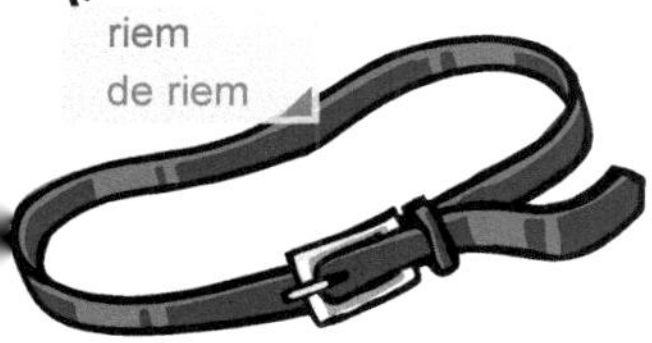

sjaal
de sjaal

paraplu
de paraplu

riem
de riem

T-shirt
het T-shirt

laarzen
de laarzen

slippers
de pantoffels

sneakers
de sportschoenen

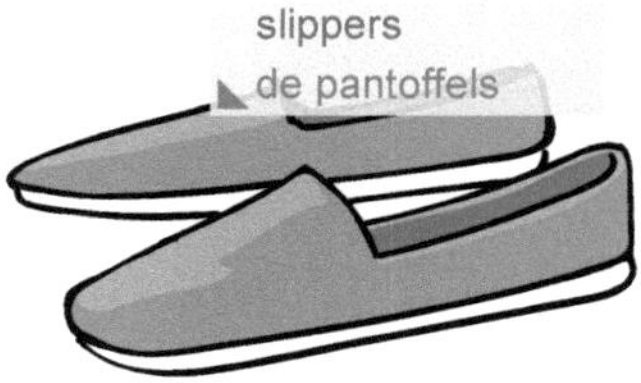

sandalen
de sandalen

schoenen
de schoenen

rubberlaarzen
de rubberlaarzen

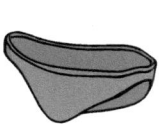

onderbroek
de onderbroek

beha
de beha

onderhemd
het onderhemd

lichaam
de body

broek
de broek

jeans
de spijkerbroek

rok
de rok

blouse
de blouse

hemd
het overhemd

trui
de trui

capuchontrui
de hoody

blazer
de blazer

jas
de jas

jas
de mantel

regenjas
de regenjas

kostuum
het kostuum

jurk
de jurk

trouwjurk
de trouwjurk

pak

het pak

nachthemd

het nachthemd

pyjama

de pyjama

sari

de sari

hoofddoek

de hoofddoek

tulband

de tulband

boerka

de boerka

kaftan

de kaftan

abaya

de abaja

badpak

het zwempak

zwembroek

de zwembroek

short

de korte broek

trainingspak

het trainingspak

schort

de/het schort

handschoenen

de handschoenen

knoop

de knoop

bril

de bril

armband

de armband

ketting

de ketting

ring

de ring

oorbel

de oorbel

pet

de pet

kapstok

de kledinghanger

hoed

de hoed

das

de stropdas

rits

de rits

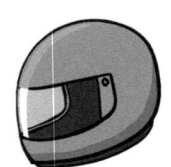

helm

de helm

bretellen

de bretels

schooluniform

het schooluniform

uniform

het uniform

slabbetje
....
het slabbetje

fopspeen
....
de speen

luier
....
de luier

kantoor
het kantoor

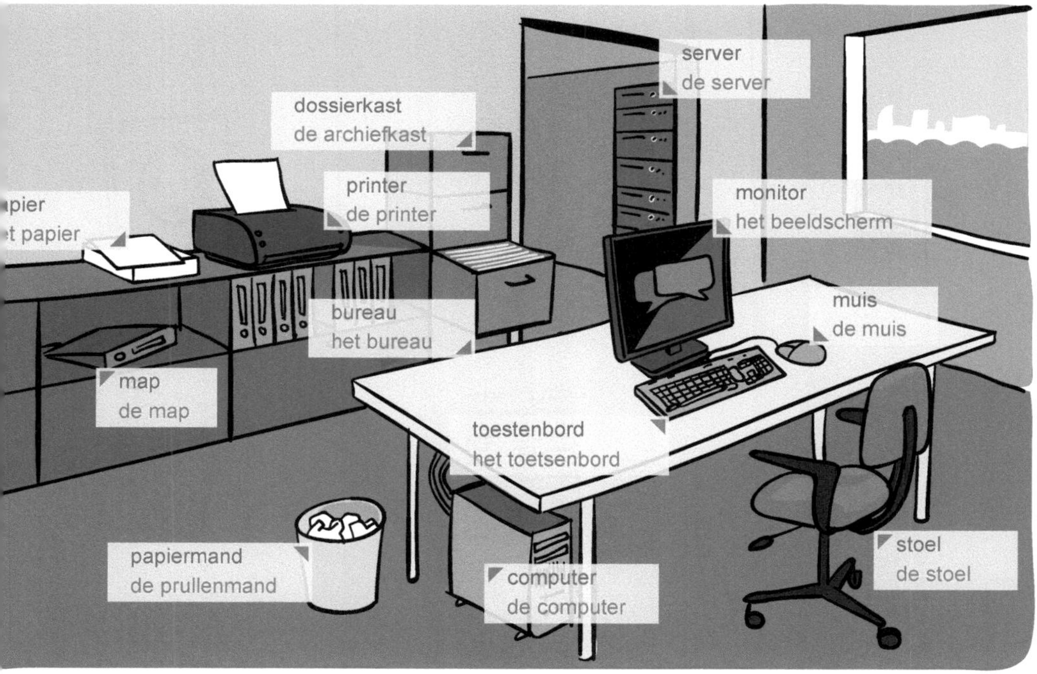

server
de server

dossierkast
de archiefkast

printer
de printer

monitor
het beeldscherm

papier
het papier

muis
de muis

bureau
het bureau

map
de map

toestenbord
het toetsenbord

papiermand
de prullenmand

stoel
de stoel

computer
de computer

koffiemok
....
de koffiemok

rekenmachine
....
de rekenmachine

internet
....
het internet

laptop
de laptop

brief
de brief

bericht
het bericht

gsm
de mobiele telefoon

netwerk
het netwerk

kopieerapparaat
de kopieermachine

software
de software

telefoon
de telefoon

stopcontact
het stopcontact

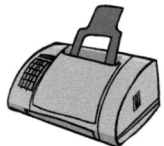

fax
de fax

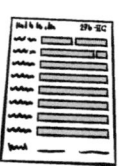

formulier
het formulier

document
het document

kantoor - het kantoor

kopen
....
kopen

betalen
....
betalen

handelen
....
handel drijven

geld
....
het geld

dollar
....
de dollar

euro
....
de euro

yen
....
de yen

roebel
....
de roebel

Zwitserse frank
....
de Zwitserse frank

Chinese renminbi
....
de renminbi yuan

roepie
....
de roepie

geldautomaat
....
de geldautomaat

wisselkantoor

het wisselkantoor

goud

het goud

zilver

het zilver

olie

de olie

energie

de energie

prijs

de prijs

contract

het contract

belasting

de belasting

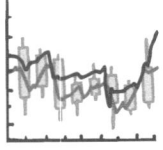

aandeel

het aandeel

werken

werken

werknemer

de werknemer

werkgever

de werkgever

fabriek

de fabriek

winkel

de winkel

economie - de economie

beroepen
de beroepen

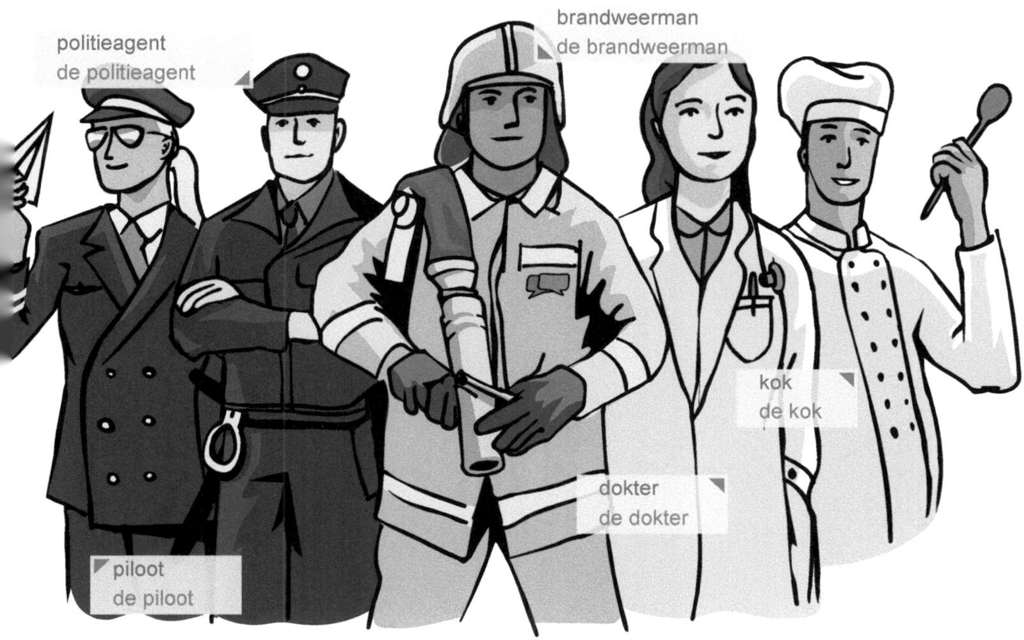
politieagent
de politieagent
brandweerman
de brandweerman
kok
de kok
dokter
de dokter
piloot
de piloot

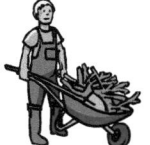

tuinman
....
de tuinman

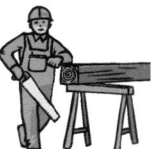

timmerman
....
de timmerman

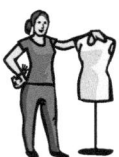

naaister
....
de naaister

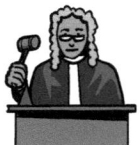

rechter
....
de rechter

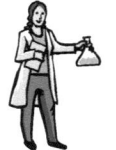

chemicus
....
de scheikundige

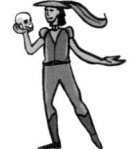

acteur
....
de toneelspeler

buschauffeur

de buschauffeur

taxichauffeur

de taxichauffeur

visser

de visser

schoonmaakster

de schoonmaakster

dakdekker

de dakdekker

ober

de ober

jager

de jager

schilder

de schilder

bakker

de bakker

elektricien

de elektricien

bouwvakker

de bouwvakker

ingenieur

de ingenieur

slager

de slager

loodgieter

de loodgieter

postbode

de postbode

soldaat

de soldaat

architect

de architect

kassier

de kassier

bloemist

de bloemist

kapper

de kapper

conducteur

de conducteur

mecanicien

de monteur

kapitein

de kapitein

tandarts

de tandarts

wetenschapper

de wetenschapper

rabbijn

de rabbi

imam

de imam

monnik

de monnik

geestelijke

de pastoor

werktuigen
het gereedschap

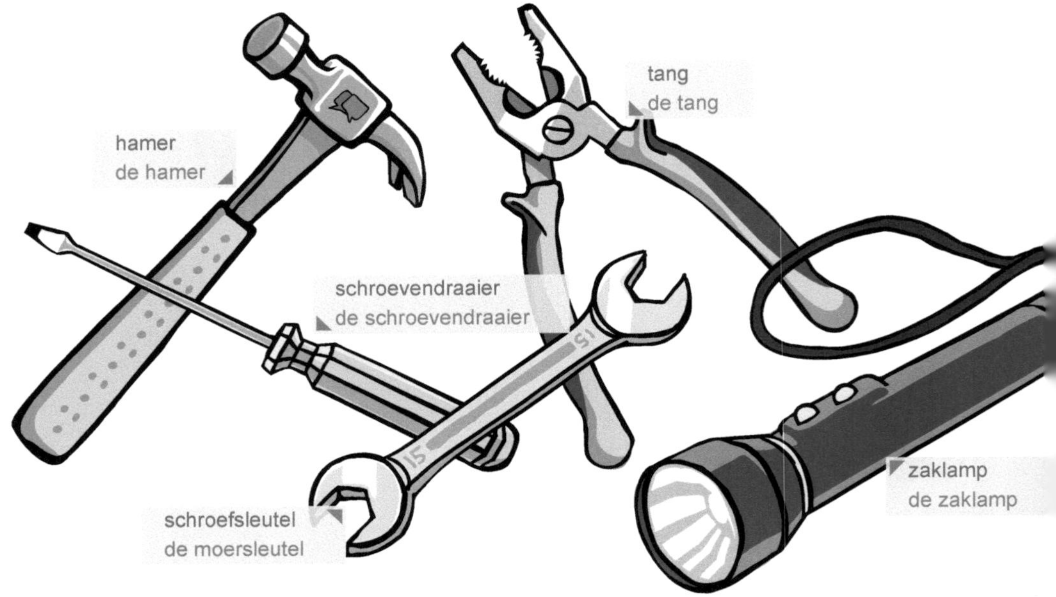
hamer
de hamer
tang
de tang
schroevendraaier
de schroevendraaier
schroefsleutel
de moersleutel
zaklamp
de zaklamp

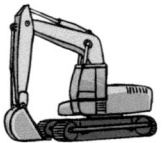

graafmachine

de graafmachine

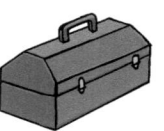

gereedschapskoffer

de gereedschapskist

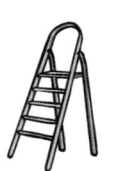

ladder

de ladder

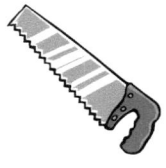

zaag

de zaag

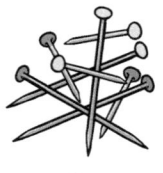

spijkers

de spijkers

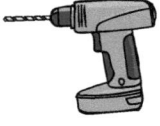

boormachine

de boor

repareren
repareren

schop
de schep

Verdomme!
Verdorie!

blik
het stofblik

verfpot
de verfpot

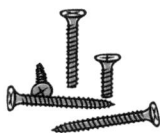

schroeven
de schroeven

muziekinstrumenten
de muziekinstrumenten

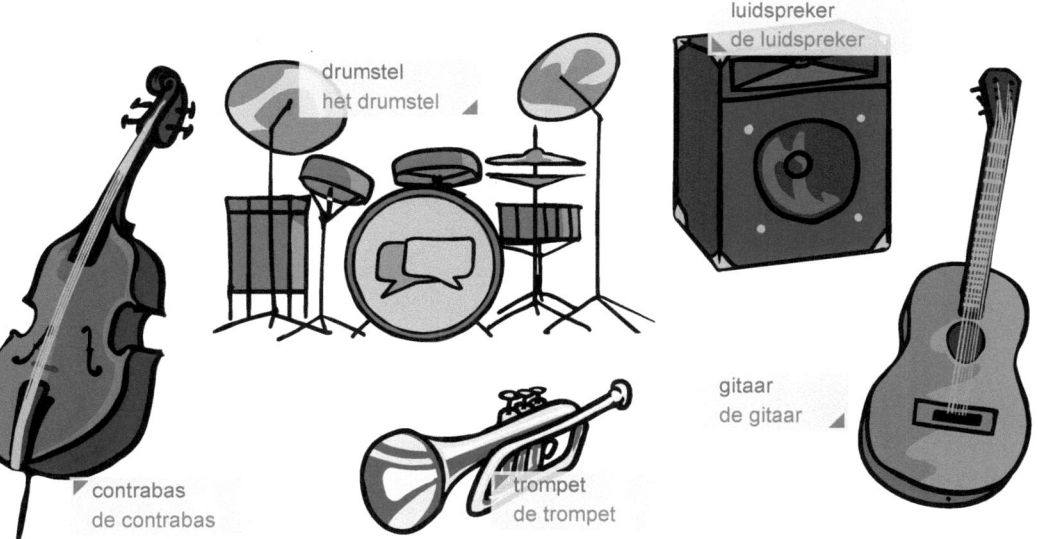

drumstel
het drumstel

luidspreker
de luidspreker

gitaar
de gitaar

contrabas
de contrabas

trompet
de trompet

piano
de piano

viool
de viool

basgitaar
de bas

pauk
de pauk

trommels
de trommel

keyboard
het keyboard

saxofoon
de saxofoon

fluit
de fluit

microfoon
de microfoon

de dierentuin

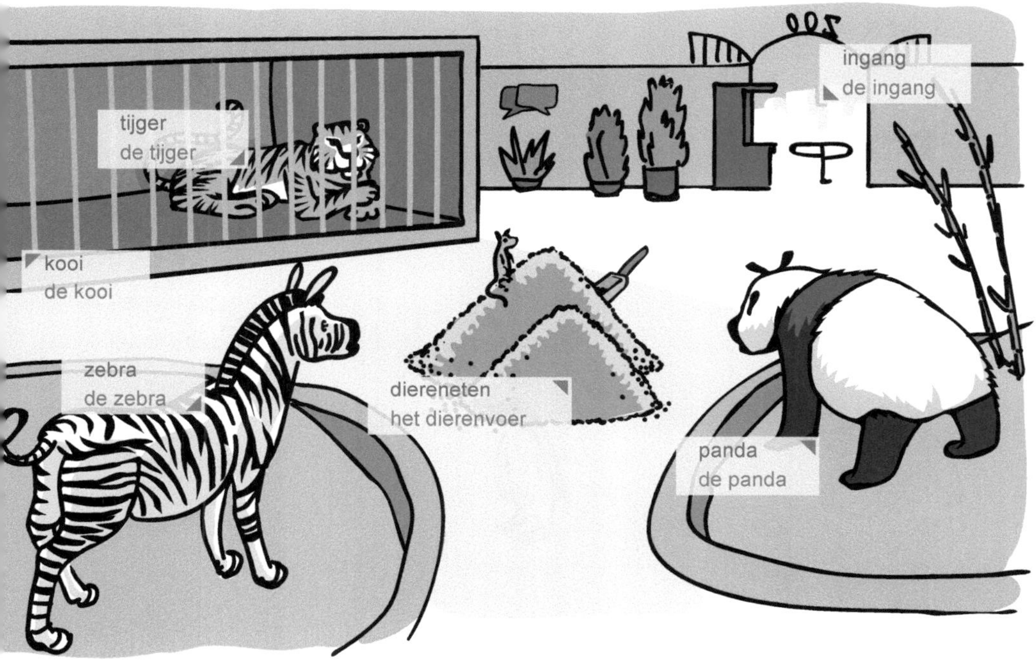
tijger
de tijger
ingang
de ingang
kooi
de kooi
zebra
de zebra
diereneten
het dierenvoer
panda
de panda

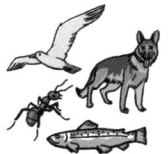

dieren

de dieren

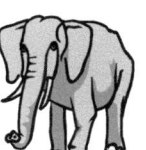

olifant

de olifant

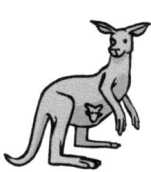

kangoeroe

de kangoeroe

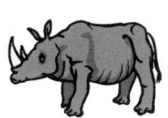

neushoorn

de neushoorn

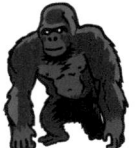

gorilla

de gorilla

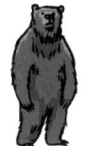

beer

de beer

kameel

de kameel

struisvogel

de struisvogel

leeuw

de leeuw

aap

de aap

flamingo

de flamingo

papegaai

de papegaai

ijsbeer

de ijsbeer

pinguïn

de pinguïn

haai

de haai

pauw

de pauw

slang

de slang

krokodil

de krokodil

dierenverzorger

de dierenverzorger

zeehond

de zeehond

jaguar

de jaguar

zoo - de dierentuin

pony
de pony

luipaard
de/het luipaard

nijlpaard
het nijlpaard

giraffe
de giraffe

adelaar
de adelaar

wild zwijn
het wild zwijn

vis
de vis

zeeschildpad
de schildpad

walrus
de walrus

vos
de vos

gazelle
de gazelle

rugby
American football

wielrennen
wielrennen

tennis
tennis

basketbal
basketbal

zwemmen
zwemmen

boksen
boksen

ijshockey
ijshockey

voetbal
voetbal

badminton
badminton

atletiek
atletiek

handbal
handbal

skiën
skiën

polo
polo

activiteiten
de activiteiten

lachen
lachen
springen
springen
knuffelen
knuffelen
wandelen
lopen
zingen
zingen
dromen
dromen
bidden
bidden
kussen
kussen

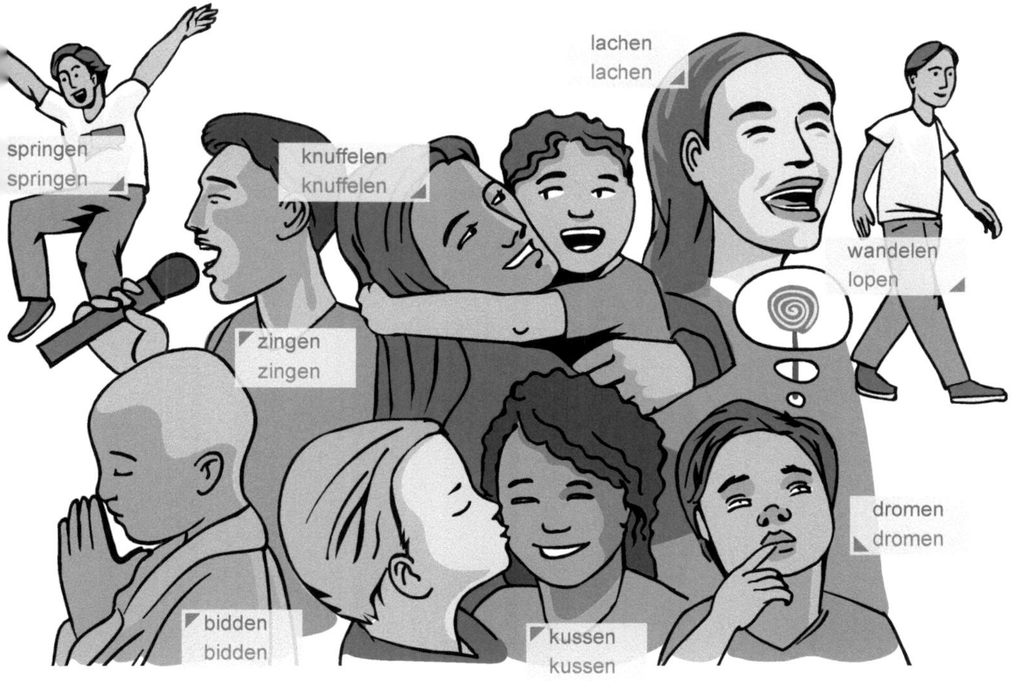

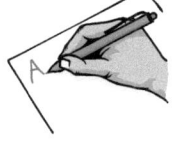

schrijven

schrijven

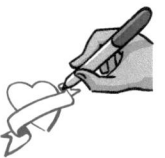

tekenen

tekenen

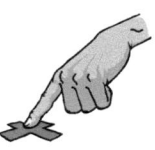

tonen

tonen

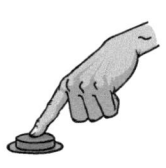

duwen

duwen

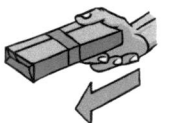

geven

geven

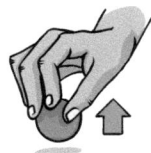

nemen

oppakken

hebben
hebben

doen
doen

zijn
zijn

staan
staan

lopen
rennen

trekken
trekken

gooien
gooien

vallen
vallen

liggen
liggen

wachten
wachten

dragen
dragen

zitten
zitten

aankleden
aankleden

slapen
slapen

ontwaken
wakker worden

kijken naar

bekijken

wenen

huilen

aaien

strelen

kammen

kammen

praten

praten

begrijpen

begrijpen

vragen

vragen

luisteren

horen

drinken

drinken

eten

eten

opruimen

opruimen

houden van

houden van

koken

koken

rijden

rijden

vliegen

vliegen

zeilen

zeilen

rekenen

rekenen

Lezen

lezen

leren

leren

werken

werken

trouwen

trouwen

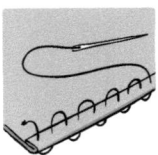

naaien

naaien

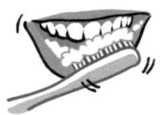

tandenpoetsen

tandenpoetsen

doden

doden

roken

roken

sturen

verzenden

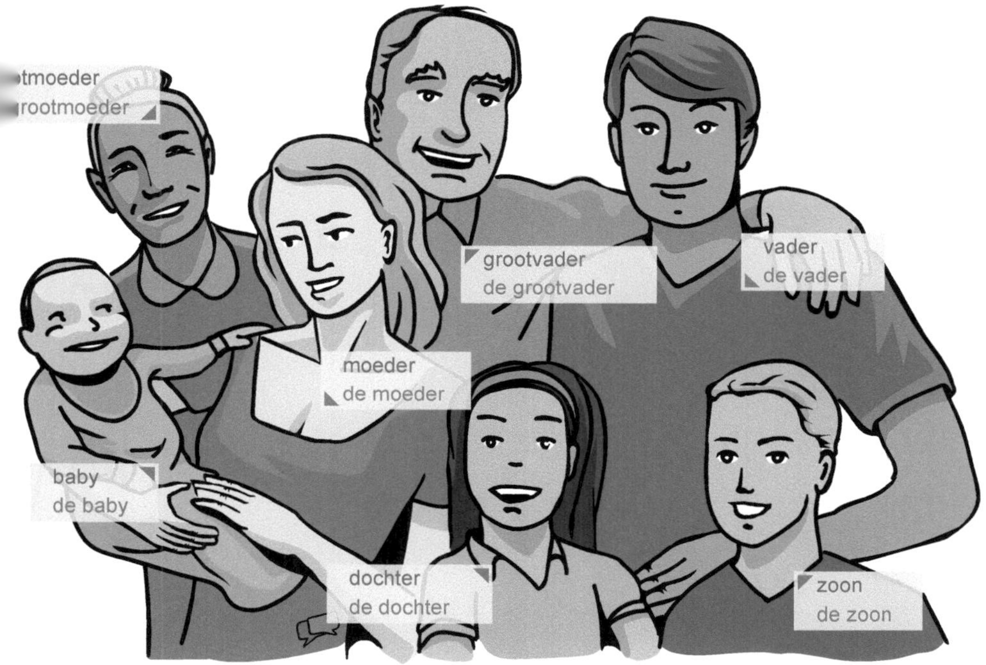

tmoeder
rootmoeder

grootvader
de grootvader

vader
de vader

moeder
de moeder

baby
de baby

dochter
de dochter

zoon
de zoon

gast
de gast

tante
de tante

oom
de oom

broer
de broer

zus
de zus

lichaam

het lichaam

voorhoofd
het voorhoofd
oog
het oog
schouder
de schouder
vinger
de vinger
gezicht
het gezicht
kin
de kin
hand
de hand
been
het been
borst
de borst
arm
de arm

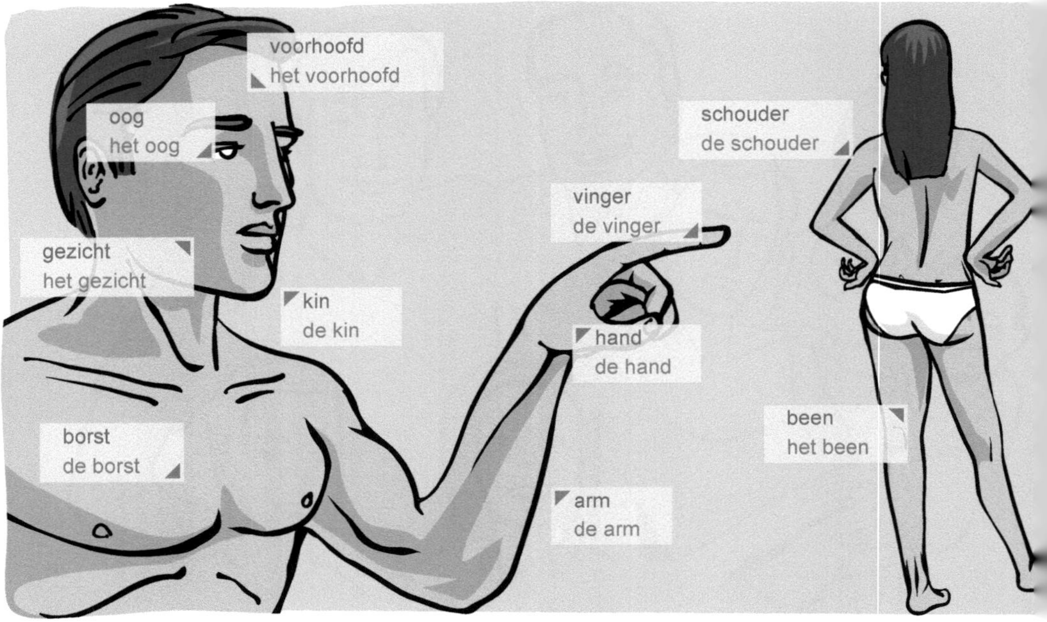

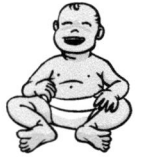

baby

de baby

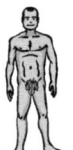

man

de man

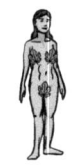

vrouw

de vrouw

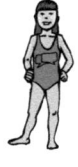

meisje

het meisje

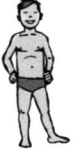

jongen

de jongen

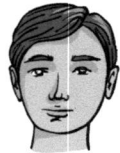

hoofd

het hoofd

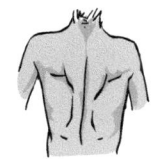

rug
de rug

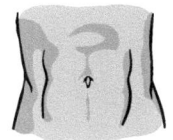

buik
de buik

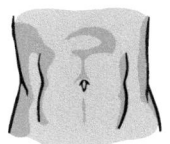

navel
de navel

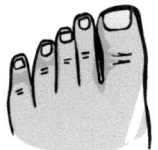

teen
de teen

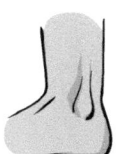

hiel
de hiel

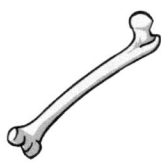

bot
het bot

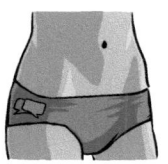

heup
de heup

knie
de knie

elleboog
de elleboog

neus
de neus

zitvlak
het achterwerk

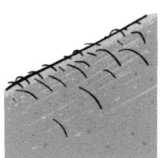

huid
de huid

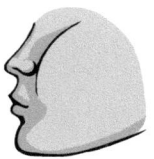

wang
de wang

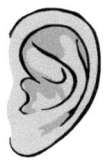

oor
het oor

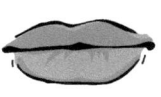

lip
de lippen

mond

de mond

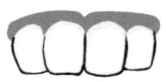

tand

de tand

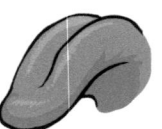

tong

de tong

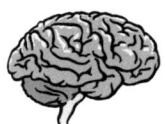

hersenen

de hersenen

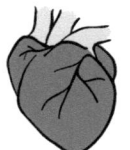

hart

het hart

spier

de spier

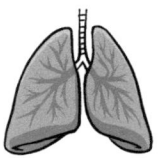

long

de long

lever

de lever

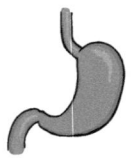

maag

de maag

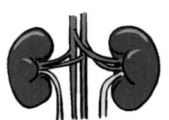

nieren

de nieren

seks

de geslachtsgemeenschap

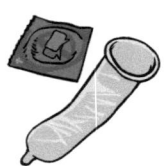

condoom

het condoom

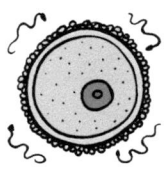

eicel

de eicel

sperma

het sperma

zwangerschap

de zwangerschap

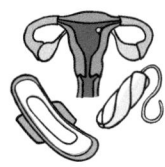

menstruatie

de menstruatie

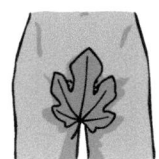

vagina

de vagina

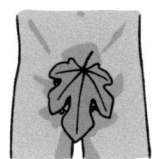

penis

de penis

wenkbrauw

de wenkbrauw

haar

het haar

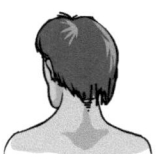

nek

de hals

ziekenhuis
het ziekenhuis

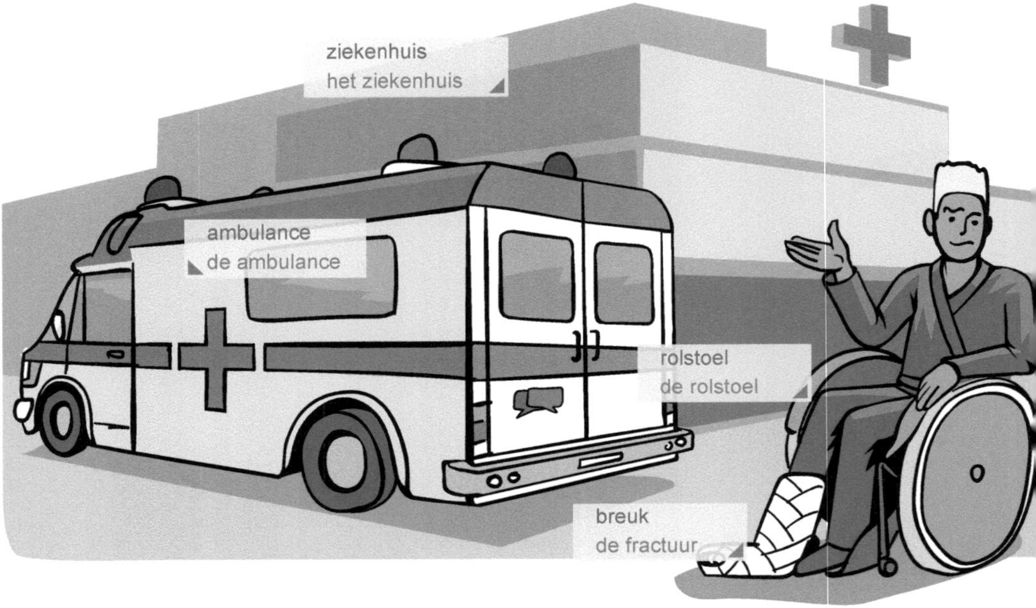

ziekenhuis
het ziekenhuis
ambulance
de ambulance
rolstoel
de rolstoel
breuk
de fractuur

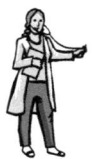

dokter

de dokter

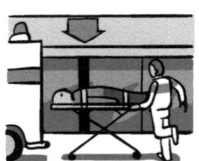

spoed

de EHBO

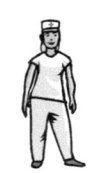

verpleegkundige

de verpleegster

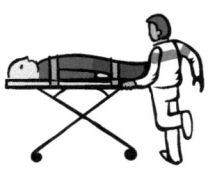

noodgeval

het noodgeval

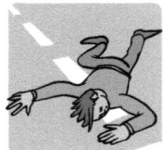

bewusteloos

bewusteloos

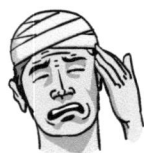

pijn

de pijn

verwonding

de verwonding

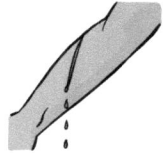

bloeding

de bloeding

hartaanval

de hartaanval

beroerte

de beroerte

allergie

de allergie

hoest

de hoest

koorts

de koorts

griep

de griep

diarree

de diarree

hoofdpijn

de hoofdpijn

kanker

de kanker

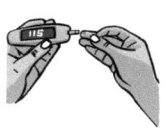

diabetes

de diabetes

chirurg

de chirurg

scalpel

het scalpel

operatie

de operatie

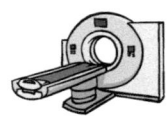

CT
de CT

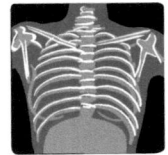

röntgenstraal
de röntgen

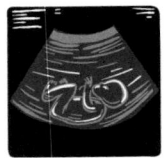

ultrageluid
de echografie

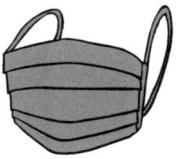

gezichtsmasker
het gezichtsmasker

ziekte
de ziekte

wachtkamer
de wachtkamer

kruk
de kruk

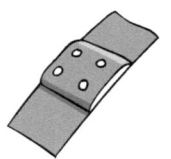

pleister
de pleister

verband
het verband

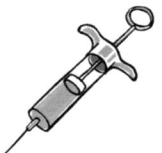

injectie
de injectie

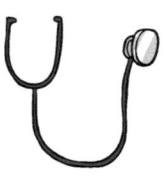

stethoscoop
de stethoscoop

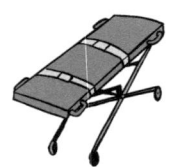

brancard
de brancard

thermometer
de thermometer

geboorte
de geboorte

overgewicht
het overgewicht

ziekenhuis - het ziekenhuis

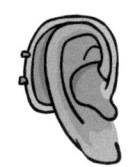

hoorapparaat

het gehoorapparaat

ontsmettingsmiddel

het ontsmettingsmiddel

infectie

de infectie

virus

het virus

HIV / AIDS

(de) HIV / AIDS

medicijn

het medicijn

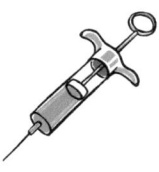

vaccinatie

de inenting

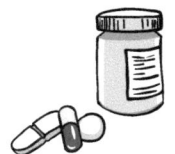

tabletten

de tabletten

pil

de pil

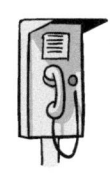

noodoproep

het alarmnummer

bloeddrukmeter

de bloeddrukmeter

ziek / gezond

ziek / gezond

Help!

Help!

alarm

het alarm

overval

de overval

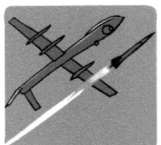

aanval

de aanval

gevaar

het gevaar

nooduitgang

de nooduitgang

Brand!

Brand!

brandblusser

de brandblusser

ongeval

het ongeluk

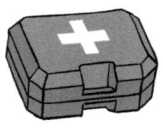

EHBO-kit

de EHBO-koffer

SOS

SOS

politie

de politie

Europa

Europa

Noord-Amerika

Noord-Amerika

Zuid-Amerika

Zuid-Amerika

Afrika

Afrika

Azië

Azië

Australië

Australië

Atlantische Oceaan

de Atlantische Oceaan

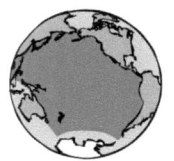

Stille Oceaan

de Stille Oceaan

Indische Oceaan

de Indische Oceaan

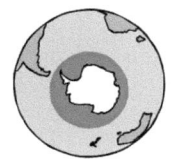

Antarctische Oceaan

de Zuidelijke Oceaan

Arctische Oceaan

de Noordelijke IJszee

Noordpool

de Noordpool

Zuidpool

de Zuidpool

Antarctica

Antarctica

aarde

de aarde

land

het land

zee

de zee

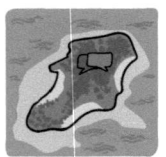

eiland

het eiland

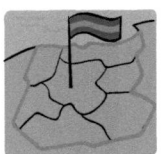

natie

de natie

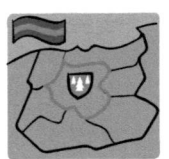

staat

de staat

aarde - de aarde

wijzerplaat

de wijzerplaat

uurwijzer

de uurwijzer

minuutwijzer

de minutenwijzer

secondewijzer

de secondewijzer

Hoe laat is het?

Hoe laat is het?

dag

de dag

tijd

de tijd

nu

nu

digitale horloge

het digitaal horloge

minuut

de minuut

uur

het uur

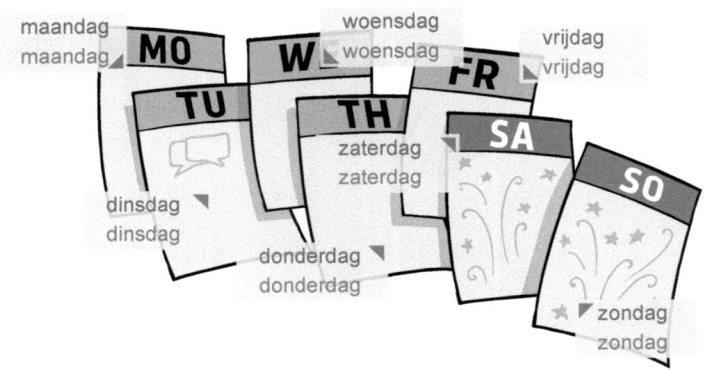

maandag
maandag

woensdag
woensdag

vrijdag
vrijdag

dinsdag
dinsdag

zaterdag
zaterdag

donderdag
donderdag

zondag
zondag

gisteren
gisteren

vandaag
vandaag

morgen
morgen

ochtend
de ochtend

middag
de middag

avond
de avond

werkdagen
de werkdagen

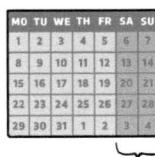

weekend
het weekend

jaar
het jaar

regen
de regen
regenboog
de regenboog
sneeuw
de sneeuw
wind
de wind
lente
het voorjaar
herfst
de herfst
zomer
de zomer
winter
de winter

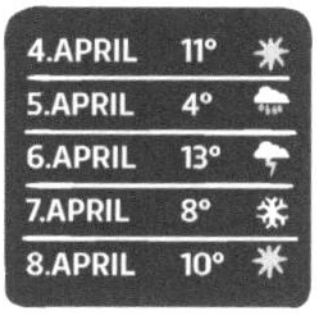

4.APRIL 11°
5.APRIL 4°
6.APRIL 13°
7.APRIL 8°
8.APRIL 10°

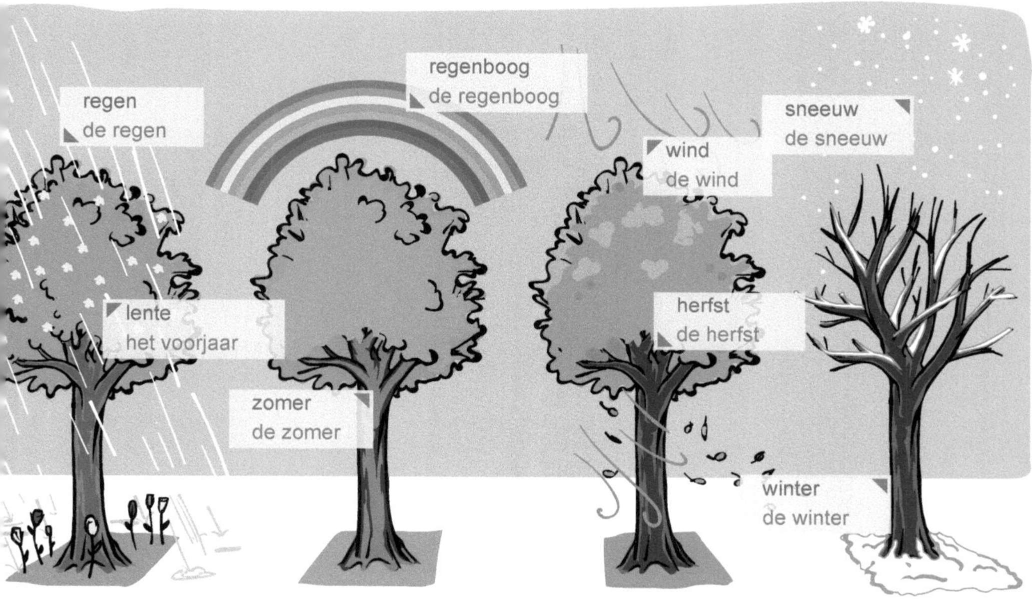

weervoorspelling

het weerbericht

F C
120 40
90 30
60 20
30 10
0 0
-30 -10
-20

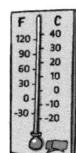

thermometer

de thermometer

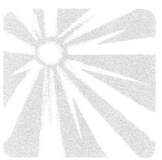

zonneschijn

de zonneschijn

wolk

de wolk

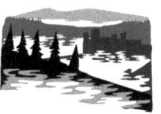

mist

de mist

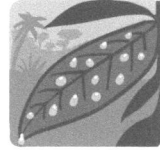

vochtigheid

de luchtvochtigheid

bliksem

de bliksem

donder

de donder

storm

de storm

hagel

de hagel

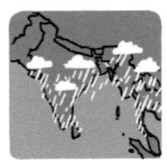

moesson

de moesson

overstroming

de overstroming

ijs

het ijs

januari

januari

februari

februari

maart

maart

april

april

mei

mei

juni

juni

juli

juli

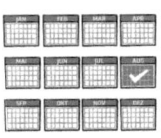

augustus

augustus

september
september

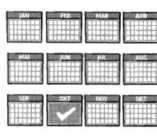

oktober
oktober

november
november

december
december

cirkel
de cirkel

kwadraat
het vierkant

rechthoek
de rechthoek

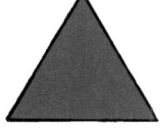

driehoek
de driehoek

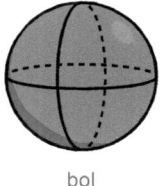

bol
de bol

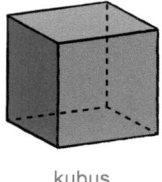

kubus
de kubus

wit

wit

geel

geel

oranje

oranje

roze

roze

rood

rood

paars

paars

blauw

blauw

groen

groen

bruin

bruin

grijs

grijs

zwart

zwart

veel / weinig

veel / weinig

boos / kalm

boos / rustig

mooi / lelijk

mooi / lelijk

begin / einde

begin / einde

groot / klein

groot / klein

licht / donker

licht / donker

broer / zus

broer / zus

proper / vuil

schoon / vies

volledig / onvolledig

volledig / onvolledig

dag / nacht

dag/ nacht

dood / levend

dood / levend

breed / smal

breed / smal

eetbaar / oneetbaar

eetbaar / oneetbaar

kwaadaardig / vriendelijk

gemeen / aardig

opgewonden / verveeld

opgewonden / verveeld

dik / dun

dik / dun

eerst / laatst

eerste / laatste

vriend / vijand

vriend / vijand

vol / leeg

vol / leeg

hard / zacht

hard / zacht

zwaar / licht

zwaar / licht

honger / dorst

honger / dorst

ziek / gezond

ziek / gezond

illegaal / legaal

illegaal / legaal

intelligent / dom

intelligent / dom

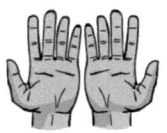

links / rechts

links / rechts

dichtbij / veraf

dichtbij / ver

tegengestelden - de tegenstellingen

nieuw / gebruikt

nieuw / gebruikt

niets / iets

niets / iets

oud / jong

oud / jong

aan / uit

aan / uit

open / dicht

open / gesloten

stil / luid

zacht / luid

rijk / arm

rijk / arm

juist / fout

goed / fout

ruw / glad

ruw / glad

droevig / blij

verdrietig / gelukkig

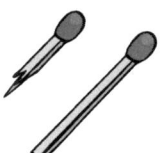

kort / lang

kort / lang

traag / snel

langzaam / snel

nat / droog

nat / droog

warm / koud

warm / koel

oorlog / vrede

oorlog / vrede

0

nul

nul

1

één

één

2

twee

twee

3

drie

drie

4

vier

vier

5

vijf

vijf

6

zes

zes

7

zeven

zeven

8

acht

acht

9

negen

negen

10

tien

tien

11

elf

elf

12

twaalf
twaalf

13

dertien
dertien

14

veertien
veertien

15

vijftien
vijftien

16

zestien
zestien

17

zeventien
zeventien

18

achtien
achttien

19

negentien
negentien

20

twintig
twintig

100

honderd
honderd

1.000

duizend
duizend

1.000.000

miljoen
miljoen

Engels

Engels

Amerikaans Engels

Amerikaans Engels

Chinees (Mandarijn)

Chinees Mandarijn

Hindi

Hindi

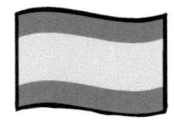

Spaans

Spaans

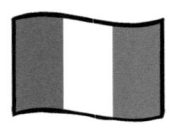

Frans

Frans

Arabisch

Arabisch

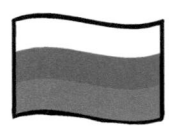

Russisch

Russisch

Portugees

Portugees

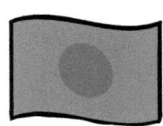

Bengali

Bengalees

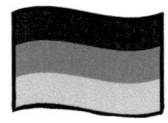

Duits

Duits

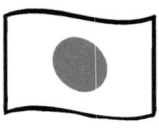

Japans

Japans

ik
ik

u
jij

hij / zij / het
hij / zij / het

wij
wij

u
jullie

ze
zij

wie?
wie?

wat?
wat?

hoe?
hoe?

waar?
waar?

wanneer?
wanneer?

naam
de naam

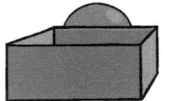

achter

achter

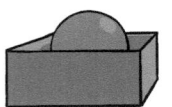

in

in

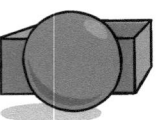

voor

voor

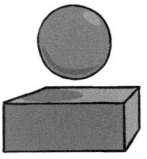

boven

boven

op

op

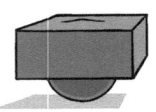

onder

onder

naast

naast

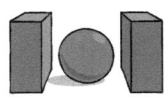

tussen

tussen

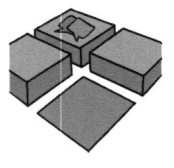

plaats

plaats